AF253753

LE TOCSIN

DES DEVOIRS ET DES INTÉRÊTS

DES

CONSERVATEURS CHRÉTIENS

DANS LES LUTTES PRÉSENTES

PAR

F. DELBREIL

LYON

IMPRIMERIE CATHOLIQUE

J.-E. ALBERT

3o, rue de Condé, 3o.

1876

LE TOCSIN

DES DEVOIRS ET DES INTÉRÊTS

DES

CONSERVATEURS CHRÉTIENS

DANS LES LUTTES PRÉSENTES

PAR

F. DELBREIL

LYON

IMPRIMERIE CATHOLIQUE

3o, rue de Condé, 3o.

1876

LE TOCSIN

Par ce titre, qu'on trouvera peut-être ambitieux ou trop effrayant, nous entendons donner l'alarme sur un danger social que bien d'autres ont signalé avant nous, mais qui grandit toujours, sans qu'on lui oppose des remèdes efficaces.

Ce péril est l'invasion des doctrines subversives dont le triomphe doit nécessairement amener pour notre pays de nouvelles catastrophes.

La presse révolutionnaire, impie, athée, matérialiste se répand dans les masses avec une profusion qui n'a d'égale que sa violence.

Nous sonnons hardiment le tocsin, et nous crions : *au feu!*

Les conservateurs ont l'habitude de ne croire aux cataclysmes que lorsque, écrasés sous les coups, ils sont vaincus, et alors ils se rallient sous l'empire de la peur.

Cette peur n'est pas la crainte salutaire qui prévoit les

attaques et prépare une résistance ferme, lorsqu'on est encore en pleine possession de ses sens et de sa force.

La peur tardive est mauvaise conseillère et impuissante.

Réveillons-nous donc, lorsqu'il en est encore temps, et rassemblons les efforts de tous les hommes justes et droits, pour que la défense religieuse et sociale soit proportionnée à l'étendue et à la gravité des périls que les audaces de la mauvaise presse, l'inertie et parfois la complicité des conservateurs font courir à la société !

Nous venons dire aux hommes de bonne volonté, mais endormis ou insouciants : Ecoutez les accents peut-être importuns du tocsin qui réveille les vivants, si vous voulez vous épargner le son bien autrement affligeant du glas funèbre célébrant les funérailles des morts.

Dans les luttes qui partagent le monde moderne, la charité catholique doit se surpasser. Son domaine s'agrandit. La charité privée ne suffit plus. La charité sociale doit guérir les plaies faites par l'égoïsme et l'orgueil. Longtemps les souffrances et les privations du corps ont presque absorbé les sacrifices de la commisération publique. A l'heure présente, les âmes souffrent et se perdent. La charité chrétienne bien entendue, qui se préoccupe toujours davantage de ce qu'il y a de plus précieux dans l'homme, doit viser maintenant les intelligences et les secourir dans leur détresse. A la distribution du pain matériel, il faut ajouter le don et la multiplication du pain des intelligences. Toute vérité procède du Verbe qui est la vérité substantielle. Ceux qui sèment la vérité parmi les hommes, sont de vrais ministres, de véritables serviteurs du Verbe de Dieu! Dédaignerons-nous cet insigne honneur?

L'Eglise est la dépositaire et la gardienne de toute vérité. Mais ses prêtres n'ont pas seuls charge d'âmes. Tout chrétien a sa part particulière, sous la surveillance de l'Eglise, de la mission d'enseignement donnée aux apôtres : « Allez et enseignez toutes les nations. » — « Dieu a ordonné à chacun, dit aussi l'Ecriture, de veiller sur son prochain. »

Tout homme qui possède la vérité est sous le coup d'une obligation de droit divin d'en faire part à ses frères. La retenir est une faute, un larcin !

Cette faute prend les proportions d'un attentat, lorsque la vérité, attaquée ou altérée de toute part, est journellement arrachée à des millions d'âmes, et risquerait de disparaître de sur la terre, si elle n'était protégée par d'infaillibles promesses.

Mais qu'on ne s'y trompe pas, ces promesses ne suffisent pas à la sécurité personnelle des individus ou des nations. Pour leur en assurer la réalisation, il faut la coopération active de l'homme, de tous les hommes de bonne volonté s'entr'aidant comme des frères.

Le journalisme est aujourd'hui la voix la plus générale qui enseigne ou attaque la vérité. Et les journaux, devenus presque la seule lecture, ne laissent personne en dehors de leur action.

Cette arme puissante est principalement encore aux mains de nos ennemis. Notre devoir et la condition indispensable de notre salut, est de nous en emparer pour les combattre et pour faire rentrer le monde dans les sentiers du droit et du vrai.

Les malheurs et les dangers de la patrie ont généralisé la vie militaire. Tout citoyen valide est soldat, et quelque dure que soit cette obligation, notre patriotisme l'accepte avec résignation et dévouement.

La vie militante des intelligences ne s'impose pas moins à notre sagesse, à notre prudence, à notre générosité, à notre devoir envers Dieu, envers l'Eglise, envers le pays, envers les multitudes qu'on égare. Comme le divin Maître, il faut avoir pitié de ces foules, et dire, à son exemple, en se mettant d'urgence à l'œuvre : *misereor super turbam !*

La magnifique croisade des Cercles catholiques d'ouvriers répond en partie à ce devoir de patronage, si noblement entrepris, des petits, des travailleurs, des délaissés.

Cette œuvre est insuffisante et incomplète.

Une vaste organisation de propagande de la presse populaire catholique doit compléter ce mouvement, prélude béni de notre restauration sociale.

A cette œuvre nécessaire, tous peuvent et doivent apporter leur action, les uns par la plume, les autres par leurs démarches, la plupart par l'offrande de leur obole pour subvenir à la création ou au développement des bons journaux.

Et c'est pour cela que nous sonnons le tocsin, appelant tous les honnêtes gens et surtout les catholiques au secours de la société menacée !

Y a-t-il des luttes ?

Y a-t-il des luttes, et des luttes graves, présentement? Les portes du temple de Janus sont-elles fermées?...

Est-il vrai, comme vient de le déclarer un ministre à la tribune, que nous jouissons d'une tranquillité qui « ne veut évoquer et n'appelle que les luttes fécondes de l'industrie et du commerce ? »

Il est vrai, le Champ-de-Mars est envahi par des ouvriers bouleversant le sol, préparant un nouveau palais pour l'exposition des chefs-d'œuvre du génie humain, et leur hâte est si grande, qu'ils ne se reposent pas même le dimanche, et cela au mépris de la loi de Dieu et de nos propres lois.

Mais que fait toute l'Europe? Dans ses trop justes préoccupations, ne dédaigne-t-elle pas nos pacifiques préparatifs? Que font nos ennemis d'hier, nos ennemis trop probables hélas! de demain? Ne pensent-ils pas que tout ce travail de luxe des bords de la Seine masque ou déguise d'autres labeurs beaucoup plus prévoyants et plus conformes à l'état de l'Europe et à nos dangers?

Que signifie cet armistice imposé par les frimas et la neige à deux armées universellement considérées comme les avant-gardes du formidable attirail militaire de l'Europe entière appelée prochainement à une lutte suprême?

Si, détournant maintenant nos regards effrayés de tous les symptômes internationaux ayant la nauséabonde odeur du carnage et annonçant la guerre pour les premiers rayons du printemps, nous examinons notre état social intérieur, sommes-nous plus rassurés par des indices de calme, de paix morale, de concorde, d'ordre véritable et de bonheur?

Négligeons nos divisions politiques entre ces partis et ces diminutifs de partis arrivés à un tel émiettement que, d'impuissance en impuissance, nous avons dû bâcler, et avec d'expresses réserves, un gouvernement de telle nature qu'un ministre, pour en affirmer l'existence, n'a trouvé à dire que ce mot étrange : « Nous avons bien un gouvernement, puisque j'en suis! »

Laissons de côté, dans nos appréhensions, ces surfa-

ces gouvernementales, pourtant si contestées, si vacil-
lantes, si fragiles, et pénétrons dans les entrailles du
corps social, dans ces parties nobles et essentielles dont
l'état, sérieusement observé, doit montrer la vigueur
et la santé ou bien révéler la corruption et une mort
prochaine. — Là est la vie réelle, avec ses pronostics
de maladie ou ses témoignages rassurants de vitalité
robuste !

Eh bien ! n'y a-t-il pas là aussi, au cœur même de
la société, de ces chocs violents des âmes, inévitable
prélude des plus sanglants combats ?

S'il y a des luttes, quel est leur caractère, au point de vue
international et au point de vue social ?

Il y a un demi-siècle, à une époque d'indifférence,
comme la terre n'en avait peut-être jamais vu, on se
disait : Nous en avons fini avec les discussions théolo-
giques et les guerres de religion !

Dieu avait été relégué pratiquement bien loin de la
vie sociale, comme un étranger, comme une hypothèse
purement philosophique, que chacun admettait ou lais-
sait de côté, sans que cela parût tirer à conséquence. La
vie religieuse était presque exclusivement réservée aux
prêtres et au sexe faible et, pour ce motif, un peu dévot.
On ne voyait dans les temples que le clergé et quelques

femmes ! La politique semblait devoir demeurer toujours en dehors des préoccupations de la foi ; on ne songeait plus à la religion !

Cette situation, absolument contraire à toutes les traditions de l'humanité, ne pouvait se prolonger avec calme, et bientôt reparut l'antique division des hommes religieux et des hommes irréligieux ; bientôt on se remit à chercher, au fond de toutes les questions sociales, politiques, scientifiques, en quoi elles se rattachaient à la foi ou s'en éloignaient. On comprit la fausseté évidente de cette définition de l'homme faisant simplement de lui un être animé raisonnable ; on revint à ce complément de définition qui en faisait, en outre, un être religieux, par destination. La vieille foi de nos pères, qu'on avait cru ensevelir sous les ruines des couvents et des églises, reparut comme une nécessité de la vie de l'homme, dont l'âme aspire et respire le surnaturel et le divin, comme son corps aspire et respire l'air.

Les luttes religieuses, qui n'avaient, du reste, jamais totalement cessé, reparurent avec leur gravité et le caractère ardent qui leur est propre. Elles se sont perpétuées depuis, et nous sommes arrivés, de nos jours, à leur maximum de violence, tant dans les débats internationaux que dans les querelles intérieures des peuples et des citoyens.

Comme cela se voit constamment dans l'histoire, ces violences apparaissent d'abord dans les paroles et les écrits, puis se traduisent inévitablement dans les faits, dans les actes. La polémique commence et la guerre finit.

Les deux camps.

Une division fondamentale s'accentue de plus en plus, et bientôt il n'y aura plus que les ineptes ou les lâches qui n'aient pas pris place dans l'une des deux armées en présence. Ces traînards et ces fuyards resteront en dehors des frontières de l'humanité, dans un isolement honteux, et ne se doutant pas que leur abrutissement immobile ne saurait les sauver des dangers du combat qui se prépare.

Dans notre civilisation européenne, qui a été pétrie avec les enseignements de la foi chrétienne, catholique, il n'y a véritablement que deux camps, religieusement parlant.

On est avec l'Eglise de Rome ou on est contre elle. La parole du Sauveur sera toujours vraie : « qui n'est pas avec moi est contre moi. » C'est l'affirmation ou la négation du *Credo*.

La négation s'avance du moins au plus, et finit par aboutir à la négation totale, absolue. La révolte, effaçant les vérités, les unes après les autres, a commencé par le schisme, s'est continuée par l'hérésie, puis, après avoir nié le Christ-Dieu, elle nie maintenant toute divinité, la vie future et l'immatérialité de l'âme. Certains hommes sont descendus à ce degré d'insanité, qu'ils osent réclamer, au nom de la liberté de conscience, un état destructif de toute conscience, une monstruosité ne se présentant, dans l'histoire des siècles, que comme une rare et toujours maudite exception !

Nous insistons pour préciser ce dualisme radical énoncé plus haut. Il reste encore en dehors de l'Eglise romaine des formes extérieures religieuses qui lui sont étrangères. Mais il s'opère visiblement un travail intérieur dans les âmes, dont les unes se rapprochent de l'Eglise et finissent par y entrer, et les autres se dépouillent successivement de leurs croyances jusqu'au point de n'en plus garder aucune.

Lorsqu'il y a un assaut à donner à l'Eglise, — et l'état de siége pour elle est aujourd'hui permanent, — les hérétiques et les incroyants les plus ennemis entre eux, s'entendent toujours, pour cette guerre contre un adversaire commun à tous et dont leur haine a juré la perte. Dans ce but de destruction, on voit s'accomplir les alliances les plus impossibles, les plus odieuses. Les consciences n'ont plus de règle ; on ne connaît que la souveraineté du but, et ce but est poursuivi jusqu'à l'accomplissement des crimes les plus révoltants et que réprouve le droit naturel, le droit des gens, cette lumière supérieure qui éclaire tout homme venant en ce monde, même en dehors de toute révélation positive.

A proprement parler, on a changé le droit, on l'a détruit, *mutaverunt jus !* Et dans ces aberrations on invoque *un droit moderne,* comme si le *droit* n'était pas un enseignement permanent, toujours ancien et toujours nouveau, c'est-à-dire immuable dans son essence, comme la volonté divine et éternelle dont il est l'expression donnée au monde moral, pour le diriger. On ravale ce grand mot de *droit* aux proportions de ces infimes règlements de police destinés à régulariser les plus bas et les plus vils accessoires de la vie purement matérielle !

Un état social ainsi dépouillé de tout principe de vie et d'ordre, contient le ferment d'inévitables et sanglantes luttes, parce qu'à la place du règne du droit reste le règne des appétits et des passions, toujours égoïstes jusqu'à la férocité. Il ne saurait y avoir de paix pour les impies, pour les négateurs de Dieu !

Cette négation, élevée à l'état de fait général, de fait dominant, de fait social, est une provocation directe à la juste vengeance du Ciel. Dieu se doit à lui-même, à son honneur outragé, bravé, de punir de tels attentats.

Ce sont là les enseignements élémentaires du droit naturel, admis en tout temps et en tout pays. On a toujours fait la part de Dieu, dans ce monde, dans le droit public de toutes les nations, et par conséquent dans les devoirs de chacun de leurs membres, pris individuellement et pris en corps collectif. Le christianisme a épuré et complété le droit, mais il ne l'a pas créé.

Si notre foi de chrétiens et de catholiques n'est pas vaine, nous devons donc avoir en horreur l'état social monstrueux qu'on prétend nous faire, et nous devons trembler devant les châtiments qui doivent suivre un semblable défi adressé au Maître du monde. — Comment? Si on touche, par le plus petit bout, à notre propriété, à notre individualité, à notre liberté, à ce que nous appelons notre droit, nous nous empressons de crier à l'injustice et de demander vengeance et réparation! Et Dieu, dont nous sommes les créatures, qui a sur nous un domaine inamissible, resterait impassible devant la violation insolente et préméditée de son droit suprême? Nier le droit de Dieu, nier la susceptibilité de sa justice, c'est donc nier Dieu lui-même! Et, en effet, le terme de toutes ces folies est la négation de Dieu : *dixit* INSIPIENS *in corde suo : non est Deus!!!* Or, ce dernier excès s'étale sous nos yeux.

Nous sommes donc à l'heure de la dernière hérésie, de l'hérésie des hérésies, de la séparation suprême du monde moral, de la négation triomphante de la divinité, négation à laquelle nous a conduits la suppression successive de toute la série des vérités révélées.

Ce blasphème court les rues. On le trouve dans les feuilles publiques qu'on lit le plus, que les chrétiens, que les catholiques eux-mêmes, lisent !

A côté de ces extravagances pleines de menaces, et qui nous ont déjà terrifiés par d'horribles explosions, assez souvent pour que nous sachions qu'elles ne sont pas illusoires, la croix se relève heureusement, au milieu de nous, comme signe de ralliement et de salut. C'est à nous de nous ranger sous cet étendard, qui fut toujours glorieux et qui finit toujours par vaincre les révoltes du monde : *in hoc signo vinces !*

On sait que la rentrée des Chambres a été précédée d'une série de réunions, véritables clubs, où les électeurs et les élus du suffrage universel ont rivalisé de virulence et de hardiesse inouïe, dans les discours qu'ils ont prononcés et dont la presse s'est fait l'écho.

La région lyonnaise a eu ses orateurs, d'une véhémence tellement folle qu'un journal conservateur, très-calme et très-modéré de Lyon, le *Salut public*, n'a pu s'empêcher de communiquer son effroi à ses lecteurs. Le 18 octobre il écrivait ces lignes, que nous invoquons à l'appui de nos affirmations : « Allons-nous être livrés aux apologistes de Marat, doucement, sans secousses appréciables, par l'envahissement progressif de l'administration et l'aveuglement de M. le ministre de l'intérieur ? Tel est le point d'interrogation qui se dresse devant tous les hommes sincères et préoccupés non de la forme du gouvernement, mais de l'existence même de la société. » Nous avons assisté en effet à l'apologie du régicide, à la réhabilitation des scélérats les plus forcenés de la Révolution, tant de la fin du dernier siècle que de nos récentes convulsions.

La gravité de la crise irréligieuse que nous traversons, le danger des bravades de l'impiété n'échappent pas davantage que les périls sociaux et politiques, à la clairvoyance de ce journal dont la modération et même l'esprit de libéralisme sont connus de tous. Aujourd'hui même, 11 novembre, il écrit :

« Combien de fois n'avons-nous pas dit, à cette même place, que les questions religieuses dominaient toutes les autres, et qu'en allant au fond des discussions politiques ou sociales on arrivait bien vite à trouver l'*irréductible*, pour peu que les intérêts matériels fissent place aux convictions, et que l'on arrivât jusqu'à l'âme humaine et à ses aspirations souveraines !

« N'avons-nous pas annoncé que le système de temporisation et de transaction inauguré par le gouvernement à la suite des élections du 20 février irait fatalement se heurter un jour ou l'autre à un conflit, lorsque les concessions seraient épuisées dans le domaine purement politique ? Ce jour semble venu. Nous lisions dans la *Tribune*, au lendemain de la mort de M. Charles Rolland, sénateur de Saône-et-Loire, mort en paix avec la religion catholique, cette singulière oraison funèbre :
« Nous avons annoncé les obsèques de M. Charles
« Rolland et manifesté les regrets que nous causait
« cette mort. Aujourd'hui, nous apprenons que M.
« Charles Rolland a tenu à se faire enterrer religieu-
« sement... *Ah! si nous avions su!* »

« Ce cri du cœur méritait de ne pas passer inaperçu.

Un républicain qui manifeste à son lit de mort des sentiments religieux trahit la cause de la démocratie et donne
un détestable exemple. Ah! si nous avions su! s'écrie
la *Tribune*. De même, M. Welche, qui ne veut pas rap-
porter l'arrêté de son prédécesseur sur les enterrements
civils, n'est plus qu'un complaisant dont l'ambition
consiste à mériter les félicitations de l'ultramontanisme.
Le préfet du Rhône, rompant avec les habitudes tra-
cassières de l'administration à laquelle il a succédé, avait
fait de louables et habiles efforts pour éviter les conflits
avec les corps électifs. Il a cédé le plus souvent qu'il a
pu; mais, acculé aux revendications de la libre-pensée,
il s'est refusé à trahir les espérances des conservateurs.
Le conseil municipal ayant serré la vis, il a dû rompre
avec les faux-fuyants, qui sont la grande ressource de la
stratégie politique du jour. Aussi que de colères et quels
anathèmes !

« Les radicaux lyonnais signifient à M. le préfet du
Rhône une sentence d'excommunication. Un de leurs
journaux va même jusqu'à insinuer que la pudeur nationale (!) forcera bientôt le gouvernement à intervenir.
Et pourquoi cette évocation de la *pudeur nationale*?
Parce que, sur la question des enterrements civils,
M. le préfet a laissé comprendre qu'il s'en référait au
conseil des ministres et attendrait sa décision. Il n'a pas
dissimulé, il est vrai, que des mesures de police lui
paraissaient convenables pour enlever aux enterrements

dits civils le caractère fâcheux que leur avait donné le radicalisme lyonnais.

« S'il s'agissait d'une question intéressant la liberté de conscience, on pourrait comprendre l'indignation vraie ou simulée des publicistes qui s'intéressent à la pudeur nationale. Mais, en bonne foi, cette liberté de conscience, qui l'attaque ? S'il est en France une liberté reconnue et dont la pratique est passée dans les mœurs aussi bien que dans les lois, c'est celle pour chaque citoyen de professer telle religion que bon lui semble et même de n'en pas professer du tout. L'Anglais, l'Allemand, l'Américain, etc., etc., qui voyagent dans notre belle patrie et voient de quelle façon le dimanche est respecté par les classes démocratiques de nos grandes villes, retournent chez eux en pensant et en disant qu'un grand nombre de Français paraissent n'avoir aucune espèce de religion. Et, de fait, ils ne se trompent guère.

« Mais la question des enterrements civils ne touche pas seulement à la liberté de conscience ; elle est entrée dans le domaine de celles qui intéressent la police. Pourquoi ? Uniquement parce qu'il a plu aux radicaux de donner à ces enterrements un caractère souverainement agressif et d'en faire autant de manifestations contre les réactionnaires dont le convoi funèbre est accompagné par le ministre d'une religion quelconque.

« Qui ne se rappelle ces jours où flamboyaient en gros caractères, dans les feuilles radicales, les enseignes:

Enterrement civil du *citoyen X...,* de la *citoyenne Y...,* du *jeune B...,* âgé de trois ans, de la *jeune citoyenne C...,* âgée de six mois, et ainsi de suite ? Et qu'arrivait-il ? Invariablement après l'entrée au cimetière et l'enfouissement des morts, on quêtait publiquement en faveur des détenus politiques, de ceux qu'on appelait l'autre jour solennellement les victimes de la réaction victorieuse, c'est-à-dire les communards vaincus par nos soldats et mis, pour notre sûreté, dans la Nouvelle-Calédonie. Le produit de ces quêtes publiques allait-il bien jusqu'aux antipodes ? Peu importe : l'enterrement dit *civil* était devenu, au vu et su de tous, une manifestation politique radicale et insultante pour le gouvernement comme pour la majorité des Français.

« Nous laissons, comme on voit, de côté les plaintes des mères de famille dont les maris étaient, pour ainsi dire, obligés de *manifester,* et qui, sous peine de passer pour mauvais démocrates, devaient suivre les camarades morts au cimetière et les vivants au cabaret.

« Le jour où, par impossible, les enterrements civils auraient un caractère décent, grave, sinon religieux, et surtout inoffensif pour les citoyens qui professent un culte et pour le gouvernement qui doit faire respecter les lois, nul doute qu'ils n'eussent droit à la même tolérance que celle accordée aux autres, et qu'après avoir vécu sans religion, un Français quelconque pût écarter de sa tombe toute cérémonie et tout emblème symbolisant l'espérance. Mais nous sommes loin de cette quasi-tolérance en matière de cérémonies funéraires et ce sont, maintenant, les apôtres de la morale indépendante dont les manifestations ont été quelque peu mises à la gêne par l'arrêté de police sur les enterrements civils, qui se plaignent de n'avoir plus la liberté de faire de l'agitation dans la rue. Les rôles sont intervertis au bénéfice des révolutionnaires en matière religieuse, par la même raison que les radicaux se prétendent les seuls véritables conservateurs du moment.

« Nous ririons bien de leurs prétentions, s'il n'y avait là un danger pour les badauds qui se laissent duper par le grand mot de *liberté de conscience*. Combien de gens, fatigués par l'interminable discussion sur les enterrements civils, qui voudraient acheter leur repos au prix de la libre manifestation de l'athéisme dans les rues !

« Le *laisser-faire* et le *laisser-passer* ont du charme pour qui ne considère dans la vie que son indifférence et son égoïsme; mais tout se tient et tout s'enchaîne dans ce monde, surtout à l'heure présente, où les problèmes les plus redoutables approchent chaque jour de leur solution impérieuse.

« Lâchez la bride aux organisateurs de cortéges avec immortelles rouges, et vous arrivez tout d'un trait à l'oraison funèbre de Delescluze, cette grande âme et ce défenseur immaculé de la République. Dès lors, le maréchal de Mac-Mahon, le vainqueur de la Commune, est un intrus; ou, pour mieux dire, un ennemi, que l'on tolère en attendant de pouvoir l'évincer. »

Au cours de cet article du *Salut public,* il y a sur l'administration qui a précédé celle de M. Welche et sur certaines capitulations éventuellement possibles avec les enterrements civils, des opinions que nous ne partageons pas. Mais nous voulons établir, par l'avis d'un organe des conservateurs modérés, le caractère religieux et la gravité croissante des crises que nous traversons.

Nous qui entendons tous les jours les blasphèmes de l'impiété, qui sommes les témoins des excitations furieuses d'une presse qui ne connaît plus de frein, pour laquelle il n'y a plus absolument rien de sacré, nous savons bien que notre tableau, tout sombre qu'il est, n'est pas chargé et que nos frayeurs sont malheureusement trop justifiées.

Mais cette triste conviction du mal qui nous dévore n'est pas partagée, bien loin de là, par tous les conservateurs. On dirait que nous sómmes séparés des horreurs de la Commune par un siècle, et la pitié se tournerait volontiers maintenant plutôt du côté des persécuteurs frappés d'un juste châtiment, que du côté des victimes de la plus épouvantable et de la plus criminelle insurrection que le monde ait vue!

On ne se rend pas compte de l'excès de démoralisation dont la presse révolutionnaire et impie propage de tous côtés les éléments incendiaires, et nous entendons à l'avance beaucoup de nos lecteurs nous accuser d'exagération et de dénigrement de parti-pris. Aussi, pour répondre à ces dispositions à l'incrédulité, avons-nous voulu produire des témoignages pris en dehors des opinions politiques qui sont les nôtres, et qui offrent alors aux esprits hésitants, des conditions toutes spéciales pour eux, d'impartialité et de scrupuleuse exactitude.

Les conservateurs. — Les catholiques.

L'armée bouillante et furieuse des impies révolutionnaires trouve en face d'elle l'armée assurément respectable des conservateurs. Cela doit-il calmer nos appréhensions?

Ce mot de conservateurs est rassurant et exprime très-bien l'attachement à ce qui est, à ce que nous avons reçu de nos pères.

Toutefois, il faut bien le dire, il y a de grandes distinctions à faire entre les conservateurs, et beaucoup qui prennent ce titre et ne le méritent pas. Ils mentent effrontément. Ce sont de faux conservateurs.

Prétendre conserver ce qui nous appartient, ne songer à défendre que ce qui nous intéresse, ou même ne se préoccuper, dans la conservation des biens particuliers ou généraux, que de ceux qui se voient et se touchent par leur caractère matériel, c'est diminuer de beaucoup la portée réelle et rassurante de ce mot conservateur. Dans ces conditions, on n'est qu'un conservateur égoïste ou un conservateur aveugle, qui ne sait pas voir, au-dessous des surfaces et des intérêts apparents de ce monde, les intérêts moraux, la seule et la meilleure sauvegarde des premiers. Malheureusement de ces conservateurs il y en a beaucoup, et nous voudrions éclairer ceux qui sont de bonne foi, stigmatiser ceux qui sont de faux-frères.

Le monde ne va pas tout seul, pas plus le monde matériel que le monde moral.

L'univers est dans les mains de Dieu, qui l'a créé et qui le conserve, et la foi aussi bien qu'une saine raison nous enseignent que c'est pour en être glorifié. Nous ne rappellerons pas ici les admirables cantiques de nos Ecritures ni les sages considérations de quelques philosophes païens. Nous ne faisons pas un livre. Nous offrons simplement des points à méditer à ceux qui ne réfléchissent pas et qui vont ainsi à leur ruine.

Le monde et l'homme sont faits pour Dieu.

Ecarter cette fin de l'homme, c'est le rendre inexplicable, et détruire toute harmonie dans le monde moral. La politique méconnaissant ce principe est pleine d'erreurs et de périls.

Après la destinée de l'homme, il faut en constater la nature, en même temps que l'histoire.

Son libre arbitre, sa déchéance, sa réhabilitation par l'avénement et le sacrifice du Sauveur, promis au moment de la déchéance et attendu quatre mille ans par l'humanité, toutes ces vérités sont la base de notre civilisation chrétienne, et il n'y a pas un détail de notre vie qui ne doive s'y rattacher, tant pour notre vie personnelle que pour notre vie sociale et politique.

Jésus-Christ est la vie intime de notre âme et la clé de voûte de notre ordre social, Jésus-Christ sans cesse vivant au milieu de nous, par son Eglise et par ses sacrements, et par toutes les influences de sa grâce.

Cette ferme croyance, l'adhésion constante de la foi de nos pères à ces dogmes, sources de la vie chrétienne pratique, ont dominé leur existence tant que notre société a été chrétienne, réellement et foncièrement chrétienne. Ces croyances servaient de règle à la vie individuelle, à la vie de famille, à la vie sociale, à la vie internationale. On avait alors la république chrétienne, composée des divers peuples fidèles placés sous la garde du pape, le premier des pasteurs.

Or, cette vie imbibée de christianisme, cette présence de Dieu et de son Christ acceptée par les âmes, sans hésitation, sans défaillance, cette vie de la foi, où est-elle ?

Nous n'avons pas à la chercher chez les impies, chez

les incrédules, chez les blasphémateurs. Nous ne devons pas la chercher même chez les indifférents qui ne vont pas jusqu'à la négation, parce que nous ne saurions l'y trouver.

La vie de foi est une vie active, une influence permanente sur nos actes, sur nos sentiments, sur nos pensées. Cette vie est inséparable de nous-mêmes. Elle nous anime, que nous agissions comme individus ou comme citoyens, au foyer domestique, à l'église ou au forum.

Cette vie de foi est sans cesse alimentée par les espérances éternelles et elle réchauffe la charité envers Dieu et envers le prochain, double amour qui, dit l'évangile, forme toute la loi, loi féconde et seule pacifique. Or, cette vie de foi règne-t-elle aujourd'hui chez les conservateurs même chrétiens, même catholiques, même observant parfois certains préceptes extérieurs des lois de Dieu et de l'Eglise?

Notre vie de chrétien n'est-elle pas, le plus souvent, partagée en deux, notre vie matérielle, la vie du monde, avec ses intérêts et ses préoccupations, et puis un léger fragment de vie chrétienne que nous tendons à restreindre le plus possible, et que nous tenons surtout soigneusement séparée de notre vie ordinaire, laquelle absorbe en définitive notre existence et semble n'avoir rien de commun avec Dieu?

Voilà où nous en sommes, pour la plupart, avec les

habitudes de notre christianisme défectueux, dédoublé et raccourci, signe à demi effacé et tout à fait intermittent qui nous distingue à peine, et à bien courts moments, des hommes sans foi.

Ce christianisme de rencontre, n'ayant d'action que sur certains et bien courts moments de notre vie, cette *profession* si mollement pratique de la vie chrétienne, tend-elle à glorifier Dieu et son Christ dans la vérité et la mesure qui leur sont dues ?

Comment alors notre vie sociale et nationale serait-elle chrétienne ? Quelles manifestations quelque peu soutenues parvenons-nous à en faire ?

Chaque jour et peut-être plusieurs fois par jour, nous demandons à Dieu, fugitivement, par habitude et du bout des lèvres, *que son règne arrive,* et notre vie se passe sans que nous ayons le moindre souci de l'établissement de ce *règne.* Cet intérêt, qui devrait être le premier de tous dans l'ordre de nos sollicitudes, nous n'y pensons pas, loin de travailler activement à l'obtenir, à le réaliser.

Notre sens chrétien est tellement émoussé que certainement bien des personnes, en lisant ces lignes, les trouveront exagérées et étrangères au sujet d'un écrit consacré à des questions sociales et politiques. On les taxera de mystiques, d'inaccessibles ; on les dira destinées à la lecture des religieux et des prêtres et non au commun des hommes.

Nos pères, aux époques de foi, ne le comprenaient pas ainsi. Ils avaient leurs faiblesses, ils n'étaient certes pas impeccables. Les œuvres qu'ils nous ont laissées, tant dans l'ordre matériel que dans l'ordre intellectuel, témoignent que c'étaient des hommes de travail, qui ne passaient pas leur vie entière en prières, dans une exagération de pratiques religieuses incompatible avec la vie du monde. Leur vie était cependant marquée du signe permanent de la foi. Cette foi réglait tout en eux, et alors qu'ils tombaient dans des erreurs ou des fautes, elle était assez forte pour les relever et les replacer bientôt dans le sentier de la vérité et de la vertu.

C'est cet ensemble de vies chrétiennes formant un tout national chrétien, qui a fait que leur politique a mérité le titre de politique de la fille aînée de l'Eglise, que notre histoire a pu s'appeler : les actes de Dieu par les Francs, *gesta Dei per Francos.*

Si nous voulons être leurs dignes héritiers, si nous voulons rendre à notre patrie cette vie robuste et stable qui nous avait donné une si grande et si belle place en Europe et dans le monde entier, il faut faire revivre parmi nous l'esprit de foi.

Avec cette force, mais avec elle seule, nous pourrons aborder avec confiance les luttes déjà ouvertes avec les libres-penseurs, les impies, les révolutionnaires, tous forts aujourd'hui de nos faiblesses, de nos défaillances, de nos lâchetés.

Alors le titre de conservateurs catholiques pourra être le nôtre, parce que nous contribuerons à conserver et à étendre les vraies conditions de l'ordre social et de la prospérité des nations.

Notre revanche contre l'invasion et l'oppression de l'esprit révolutionnaire, contre nos ennemis de tout genre, du dehors et du dedans, s'accomplira largement, parce que Dieu est fidèle à soutenir et à défendre ceux qui le servent en esprit et en vérité, et non comme des mercenaires qui travaillent le moins possible, sans dévouement et ne pensant qu'à eux.

Pour cela que devons-nous faire ?

Devoirs des conservateurs chrétiens.

Regardons en nous et autour de nous.

Pour appliquer le remède, il faut connaître le mal et ses causes. Etudions-les un moment.

Nous laissons à l'Eglise et à ses ministres le soin de diriger les conversions individuelles dont la somme généralisée doit produire la vraie conversion sociale. En effet, sans bons chrétiens, comment formerions-nous jamais un peuple chrétien ?

Nos observations doivent se circonscrire dans le terrain extérieur, politique et social, sur lequel les ministres de l'Eglise observent à bon droit une réserve et des ménagements auxquels ne sont pas tenus les laïques.

Or que voyons-nous ?

L'ignorance et la mauvaise foi, d'une part, et une prudence pusillanime et exagérée, de l'autre, présider à tous les débats dans lesquels se trouve mêlé un intérêt religieux. Dans les conseils du pays, dans la presse, on ne voit que confusions, erreurs, mensonges, travestissements ou reculades. On a mis en avant quelques mots, détournés de leur vrai sens, et avec ces ficelles, les habiles qui les tiennent font mouvoir l'opinion et par elle se rendent maîtres de la Société. Quand on a dit : *ultramontain, clérical, jésuite,* quand on a parlé du *Syllabus,* qu'on n'a pas lu, de l'*infaillibilité* pontificale, qu'on ne comprend pas, tout est fini. Les gens d'esprit eux-mêmes sont interloqués et stupéfaits ; de hideux nuages obscurcissent la vue ; on ne voit plus clair ; on bat timidement en retraite, et à peine si on ose convenir qu'on est chrétien. Beaucoup, punis de leur lâcheté, en viennent à apostasier tout à fait et finissent par renier jusqu'à Dieu, que la science moderne a pour but de supprimer, de biffer, comme une vaine hypothèse dont la raison n'a plus besoin.

Les prophètes du néant et de la bestialité, gagnant peu à peu du terrain, ont trouvé jusque dans la mort des moyens solennels de propagande de leurs négations.

L'incrédulité, honteuse d'elle-même, essayait souvent, il y a cinquante ans, d'usurper pour les cadavres les bénédictions de l'Eglise, justement jalouse de ne les donner qu'à ses enfants. Aujourd'hui on vole les corps des pauvres chrétiens pour les soustraire aux honneurs funèbres religieux et les promener, avec une pompe infernale, comme des trophées d'impiété!

Tout le bruit que font les enterrements civils, lugubre invention de notre époque, n'est-il pas un signe effrayant de notre décadence morale? Comment est-il possible de pousser plus loin la profanation et l'apostasie que d'arracher la croix de sur la tombe!

Notre maladie irréligieuse va jusque-là! On a vu le *Salut public* en être lui-même effrayé et reconnaître la nécessité d'opposer une barrière à ces manifestations outrageantes pour la morale naturelle elle-même.

Nous dépassons les païens qui, au moins, malgré toutes leurs erreurs, étaient restés respectueux pour la notion de Dieu, pour la mort et pour l'immortalité.

Hâtons-nous de le dire : les agents de cette propagande de ténèbres ne sont pas les seuls coupables.

Certains conservateurs ont à se demander comment ils se comportent eux-mêmes devant cette audace croissante du mal.

Sont-ils tous assez fermes pour la condamner et lui résister? ne se résignent-ils pas, quelquefois, à de misérables capitulations ?

En tout cas, que font-ils pour tarir l'aliment de cet

empoisonnement public d'une nation baptisée et catholique dans son immense majorité ?

Nous ne voulons pas traiter la question politique de l'action du pouvoir, en face de ces attentats dont chaque jour voit grandir l'énormité. Nous écrivons aujourd'hui pour les simples citoyens.

Nous savons que quelques-uns d'entre eux invoquent l'intervention du gouvernement et lui demandent des répressions qu'il se fait marchander.

Mais les particuliers, les chrétiens, tous les chrétiens, n'ont-ils pas des devoirs, des devoirs urgents, dans des occurrences pareilles ?

Comment sont remplis ces devoirs ? Ne se livre-t-on pas à des actes qui en sont la violation ? n'omet-on pas d'autres actes prescrits par la conscience ?

Le mal entre aujourd'hui dans les âmes par deux moyens principaux : l'enseignement et la presse.

Le violent combat que se livrent, depuis quelques années, l'Eglise et la Révolution, pour s'arracher les âmes de la jeunesse française, témoigne assez de l'importance de la grande question de l'enseignement.

Dans cette lutte, tous les conservateurs ont-ils le courage de prendre ouvertement parti pour la défense des droits et des libertés de l'Eglise ?

La charité de ceux qui n'ont pas à intervenir dans les débats officiels ou de la presse, est-elle à la hauteur des périls de la situation ? Leur activité, leur bourse sont-

elles au service de l'Eglise, pour créer, soutenir et développer les établissements appelés à être les forteresses
de la foi ?

En ce qui touche la presse, nous sommes en mesure
de parler avec plus de connaissance de cause, de l'état
des choses et de la conduite des conservateurs et des
catholiques.

Le mal fait par la mauvaise presse, par le journalisme
révolutionnaire et impie, n'est pas contestable. Il n'y a
qu'à ouvrir les yeux pour le voir. Les ruines amonce-
lées sous les excitations de la mauvaise presse, ne sont
pas encore toutes réparées. Ces monceaux de pierres
calcinées par le feu et qui formaient les plus beaux mo-
numents de la capitale, sont des témoignages encore
debout des fureurs populaires allumées par la lecture
des mauvais journaux. Les reliques de tous ces martyrs
que la Commune a immolés ne crient pas vengeances,
parce que les saints intercèdent même pour leurs meur-
triers au lieu de les maudire. Mais leur pieux souvenir
ne nous invite-t-il pas à prendre dans nos mains des
armes pacifiques pour mettre la société en garde contre
les doctrines qui ont inspiré les massacres odieux de
1871 ? — Tandis que la Révolution s'agite pour faire
amnistier les bourreaux, ne devrions-nous pas nous
efforcer d'étouffer les voix de l'enfer occupées à inspirer
de nouveaux assassins et d'autres légions d'incendiai-

res ? C'est là le grand moyen d'apaisement et de réconciliation !

Toutes les crises révolutionnaires sanglantes et désordonnées sont lentement préparées par des causes éloignées et prochaines. Les instruments qui, un jour, promènent les torches enflammées devant les populations tremblantes, qui frappent du chassepot ou du poignard, attirent sur eux l'animadversion et l'horreur ; mais, après tout, ceux qui les ont enseignés, ceux qui ont inoculé à leurs âmes le venin de la haine et de la jalousie, en y éteignant le flambeau de la foi, ceux-là ont aussi leur large part de responsabilité et on n'en tient pas assez compte.

Si le mal n'avait pas sa terrible genèse, si ses causes génératrices étaient empêchées ou neutralisées, ses excès seraient plus rares et moins dangereux. Toutes les pages sanglantes de notre histoire ont été précédées par d'autres pages souillées aussi, mais celles-là par le poison des doctrines ou la boue de la corruption ! Celles-ci ont fait celles-là. Elles sont toutes attachées au même livre de perversion, liées par une incontestable solidarité.

Qu'on lise aujourd'hui les feuilles si nombreuses et si répandues de la révolution. Il y a là des pages qui suent le sang, et il ne manque qu'un jour de terreur pour qu'il soit versé à flots ! Nous sommes payés pour savoir que ces jours éclatent comme la foudre, aux heures les plus inattendues, et lorsqu'on croyait avoir pris toutes les précautions imaginables pour la défense sociale ! Quelquefois ce sont ces précautions mêmes qui provoquent les explosions.

Non, la société ne se défend pas seulement avec le Code pénal et les gendarmes. Nous avons vu les jours où c'étaient les voleurs et les assassins qui mettaient les gendarmes en prison et les fusillaient.

O conservateurs aveugles et imprudents, quand serez-vous guéris de ce travers fatal qui vous fait toujours placer votre salut et celui du pays dans quelques entraves de légalité et dans les répressions matérielles ! Sans doute la force a son rôle dans la défense sociale. Mais si vous voulez que cette défense soit réellement efficace, protégez avant tout les âmes contre la séduction, contre les entraînements de l'erreur, et vous n'aurez pas à frapper plus tard des instruments qui sont surtout des complices égarés.

Il y a une presse détestable qui circule d'un bout de la France à l'autre, dans les grandes villes comme dans les hameaux et jusque dans les campagnes les plus éloignées. Cette presse, avec des tons variés, ne fait pas seulement une guerre journalière à la religion, mais à toute vérité et à tout bon sens. Elle dénature les faits, répand la diffamation et la calomnie, travestit l'histoire pour justifier les mensonges de sa fausse philosophie ; en un mot, elle pervertit absolument l'opinion publique et ap-

prend aux populations à ne plus rien respecter et à haïr
toute supériorité et tout enseignement moral, sous prétexte d'égalité et de droit nouveau.

Les populations nourries avec cet aliment de corruption intellectuelle et morale, sont en possession du
droit de suffrage universel. Tout dépend maintenant de
l'exercice de ce suffrage, universel dans sa compétence
comme dans le nombre des citoyens à qui il est attri-
bué.

Les conservateurs sérieux, qui voient se distribuer
chaque jour, par millions d'exemplaires, des journaux
contenant les enseignements subversifs que nous indi-
quons, ne doivent-ils pas comprendre le devoir d'opposer à ce torrent une digue quelconque, une barrière protectrice ? S'ils n'étaient pas portés à cette mesure de
sauvetage par le sentiment de leur devoir, ne devraient-
ils pas au moins sentir qu'elle est réclamée par leur intérêt le plus évident ?

Qu'arrivera-t-il pour leurs propriétés, pour leurs
droits, pour leur liberté, pour leur personne, le jour où
le suffrage universel, dirigé dans le sens de cette presse
révolutionnaire et impie, aura installé légalement dans
les communes, dans les départements, dans l'Etat, des
corps élus ayant mandat de mettre en application les
doctrines de l'impiété, du radicalisme, du socialisme et
de toutes les folies qui germent dans des têtes vides de
tout principe, de toute tradition respectable, de toute

idée correspondant au droit, base essentielle de toute société ?

Peut-on sonder la profondeur de l'abîme auquel nous courons avec une inadvertance inqualifiable ?

Dans l'état de notre politique constitutionnelle, avec nos mœurs encore plus vicieuses que nos lois, espérer supprimer, même corriger ou amender le mal fait par la mauvaise presse, au moyen de l'action gouvernementale, est une utopie, peut-être même un danger. Les lois répressives puisent leur plus grande efficacité dans la pureté et l'honnêteté des mains qui les appliquent. Il ne manque pas dans nos codes de lois, édictées dans de bonnes et louables intentions, qui ont servi plus tard d'instrument d'oppression, de persécution, contre ceux-là mêmes qui les avaient faites, et ils subissaient l'ironie du vieil adage : *patere legem quam fecisti !*

A ce moment, le remède n'est pas à chercher de ce côté. Il serait insuffisant et peut-être dangereux.

Nous ne sommes plus dans un état normal et régulier. Nous sommes en état de bataille, de lutte morale qui, demain peut-être, par quelque incident imprévu, peut prendre un tout autre caractère. Les combats de la plume sont toujours suivis d'autres combats.

Or, lorsqu'une lutte est ouverte, surtout une lutte à outrance comme celle à laquelle nous assistons, le devoir s'impose à chacun d'y prendre une part proportionnée à ses forces, à son savoir, à son pouvoir, aux armes qu'il sait manier.

Nos ennemis se servent aujourd'hui triomphalement de la presse. Chaque jour ils gagnent du terrain. Contester ou mépriser les conquêtes qu'ils font est une illusion, ou une misérable excuse de l'insouciance ou de la lâcheté.

Le bon sens doit nous donner du courage et nous inspirer dans l'accomplissement d'un devoir qui n'est pas douteux.

Nous avons à soutenir une bataille d'opinion, en attendant les autres, et si nous parvenions à gagner celle-ci, nous pourrions peut-être nous éviter celles-là, ou nous rendre au moins leur issue plus favorable, en suscitant des amis et en les appelant à se ranger à côté de nous.

Le cœur du peuple est assiégé par la mauvaise presse. Il est victime. On le trompe. A la place de la vérité, on lui sert le mensonge. Le bonheur qu'on lui promet, se changera en déceptions et en tourments. La cohue des ambitieux n'aspire qu'à monter sur ses épaules, pour escalader le pouvoir. Elle est aussi vieille que le monde, cette histoire des compétitions démagogiques dont le titre a toujours été : *ôte-toi de là que je m'y mette ! ! !*

Que les conservateurs réellement honnêtes, dévoués ou seulement prudents, aient la générosité de défendre nos populations contre les attaques morales dont elles sont l'objet, et qui doivent les faire succomber à de redoutables tentations !

Répondre par une presse réellement populaire, mise à la portée de tous les esprits et de toutes les bourses, à la presse populaire révolutionnaire qui se répand de tous les côtés, par tous les moyens imaginables de propagation, c'est un des premiers devoirs sociaux de notre temps.

Je sais que cela est compris; mais chez les conservateurs même catholiques, de l'intelligence d'un besoin à sa satisfaction, il y a encore loin !

Des essais, des préparatifs ont été faits.

Les Comités catholiques s'en sont occupés avec une louable sollicitude. Sur certains points de la France, on a fait, on fait quelque chose. Les sacrifices n'ont pas manqué.

Nous nous garderions de rien dire qui pût contrarier ou décourager d'heureuses initiatives. Aussi devons-nous éviter d'entrer dans des détails de personnes ou même de localités.

Ce qui est certain, c'est que le problème n'est pas résolu et qu'il s'impose plus que jamais à notre sollicitude.

Le journalisme français, imitant les habitudes d'autres pays, l'Amérique, l'Angleterre, la Belgique, la Suisse, est l'objet d'un marché permanent où s'exposent ses produits, dans les mille boutiques ou kiosques des

villes, comme dans les échoppes des villages. Des distri-
buteurs innombrables portent, en outre, les feuilles à
domicile.

Or, nous le demandons, dans cet immense débit qui
inonde chaque jour nos villes et nos bourgades, en
quelle proportion se trouvent les journaux nettement
conservateurs et surtout catholiques? Ceux qui sont
en possession de la plus vaste publicité, ne sont-ils pas
justement les plus mauvais, les plus hostiles à la religion, aux grands principes sociaux, et les plus dangereux ?

Ce fait crève les yeux de tous. Les bonnes gens gé-
missent, et puis c'est tout! Le torrent continue à se
précipiter et à entraîner des âmes innocentes dans les
plus perverses doctrines!

Il y a mieux, c'est ici le comble de la honte dont nous
voudrions faire monter les rougeurs au front des conservateurs, surtout des catholiques qui, au mépris de
leur conscience, tombent dans le travers coupable que
nous voulons flétrir. Les conservateurs, les catholiques
paient leur tribut, leur impôt volontaire, à la presse
impie, radicale, révolutionnaire. On les voit, ces journaux à la main, traverser nos places et nos rues, les
lire, y recherchant avec avidité les nouvelles du jour!

Et, en effet, ces feuilles, enrichies non-seulement par
leurs amis et les indifférents, mais encore par les ap-
ports journaliers de leurs propres adversaires, peuvent

faire et font les énormes dépenses que nécessite la publication d'un journal exactement et rapidement tenu au courant des événements par de nombreux correspondants et par des télégrammes énormément coûteux. En sorte que, soutenues, d'une part, par le mobile des passions au service desquelles elles se sont mises, ces feuilles trouvent encore, pour leur succès, un secours de plus dans la supériorité incontestable de l'intérêt qu'elles présentent, comme nombre et comme rapidité d'informations.

Cette supériorité devient le motif de reproches amers des conservateurs à leurs propres journalistes, les auteurs de ces reproches ne réfléchissant pas, dans leur inconcevable légèreté, qu'ils se font chaque jour eux-même les complices de succès qu'ils maudissent et qui leur préparent le plus cruel avenir. Toute faute reçoit un jour son châtiment. Les attaques directes ou indirectes contre la vérité, commises par ceux qui la connaissent, portent avec elles une gravité que la justice éternelle ne manquera pas de peser dans ses balances incorruptibles. Il sera trop tard, et les traîtres du bon droit n'échapperont pas à la punition. Qu'ils y songent bien, avant l'heure fatale!

Depuis longtemps témoin de ces abus, de ces négligences, de ces périls, nous avons résolu de les dévoiler, sans fausse honte, sans ménagement. — L'ignorance de nos devoirs sociaux est telle, d'ailleurs, qu'on peut dire de beaucoup de coupables en cette matière, comme cela fut dit des bourreaux du Christ, qu'ils ne savent pas ce qu'ils font. Et cependant ils devraient le savoir, car, avertis de leur faute mieux que ne le furent les Juifs déicides, ils ont assisté à des secousses de notre sol national, à des heures de ténèbres, qui auraient dû leur apprendre que lorsque la vérité succombe, lorsque l'injustice triomphe, la terre elle-même s'ébranle et devient horrible et menaçante !

Conservateurs et catholiques, véritablement égarés ou en défaillance, dans une question qui en prime bien d'autres, interrogez sérieusement votre conscience, voyez autour de vous le mal qui grandit et demandez-vous si vous avez fait tout ce qui dépend de vous pour en arrêter les ravages et conjurer de plus grands fléaux.

Nos maîtres dans la foi et dans la discipline catholique, nos évêques et, à leur tête, le Souverain Pontife, n'ont pas laissé se produire et se développer ce danger social, sans le signaler bien des fois avec une vigilance et une sollicitude que les fidèles n'ont pas assez remarquées. Repousser la mauvaise presse, soutenir la bonne est un double devoir que plusieurs évêques ont expliqué dans de remarquables mandements. Le Souverain Pontife a encouragé et recommandé les bons journaux avec une persévérance qui est le meilleur témoignage de la nécessité et de l'importance du devoir de les soutenir et de les propager.

Entre tous ces journaux il y a des différences qui doivent justifier les préférences d'un apostolat intelligent, évitant de marcher en aveugle et sans discernement.

Il y a des écrits religieux, des feuilles religieuses dont le contexte ne convient évidemment qu'aux catholiques fixés dans leurs croyances et même avancés dans leurs pratiques religieuses. Ces écrits sont excellents, et méritent, à tous égards, d'être encouragés et soutenus. Ils sont l'aliment qui nourrit les âmes fidèles. Celui qui est juste a besoin de se justifier encore davantage. Il faut lui en fournir les moyens, en éclairant sa piété.

Mais s'il y a un apostolat qui soit digne de soutien et qu'il faille à tout prix développer de plus en plus, c'est celui qui va chercher au loin les âmes et jusque dans les régions placées à l'ombre de la mort intellectuelle et morale. A notre temps, hélas ! nous n'avons pas besoin de traverser les mers pour découvrir des infidèles et pour essayer de les ramener à Dieu et à la vérité. Nous en avons des multitudes au milieu de nous !

Que d'hommes qui n'entendent jamais la voix du prêtre, parce qu'ils ne mettent jamais le pied dans une église ! Liraient-ils les journaux religieux qu'ils s'empressent, d'ailleurs, de repousser, ces étrangers à toute foi, à tout enseignement élémentaire de la religion ? que comprendraient-ils à des écrits faits pour d'autres âmes et qui, mal saisis par leurs intelligences incultes, ne pourraient devenir pour eux qu'un objet de contradiction, de risée, une cause de blasphème peut-être?

A ces multitudes presque païennes, il faut parler un langage en rapport avec l'état de leur esprit, combattre avec adresse les préjugés qui obstruent leur intelligence, et les ramener à la foi par le chemin d'une sage raison, sans empressement ni importunité.

Les catholiques cherchent des nouvelles et compromettent leur conscience, en allant les prendre jusque dans les mauvais journaux. Notre sévérité serait bien injuste si nous critiquions chez les hommes privés de foi, une curiosité qui nous induit nous-mêmes en péché. Nous devons donc prendre des moyens pour placer dans nos journaux cet appât très-légitime des nouvelles exactes et rapides. — La bonne presse rendrait déjà un grand service au public, si elle lui servait des nouvelles vraies, alors que les feuilles ennemies sont remplies de mensonges, de faits controuvés ou dénaturés, et que, chose déplorable, l'organisation de nos journaux catholiques est si vicieuse et si défectueuse, qu'ils ont eux-mêmes recours à ces sources empoisonnées d'erreur qui pervertissent, sans aucun répit, l'opinion publique dans toute l'Europe. Sur cette question des informations de nos journaux on a aussi beaucoup gémi ; mais qu'a-t-on fait ?...

Pour atteindre et extirper le mal de la mauvaise presse, il faut donc régénérer la bonne, la mettre à la hauteur de la sublime mission qu'elle a de répandre et de défendre la vérité. Et alors les amis d'abord pourront s'en contenter, les indifférents viendront après, et enfin, si elle se montre réellement supérieure, les adversaires eux-mêmes la rechercheront.

Nous pourrons par là arriver à combattre l'erreur à armes égales, et faire rentrer dans les voies chrétiennes des populations qu'on tend à précipiter dans un vrai paganisme, pire que le premier, celui-ci ayant toujours gardé quelques notions sur la divinité et sur le spiritualisme.

Tout cela est difficile! dit-on.

Qui le nie?

Lorsque, Notre-Seigneur étant remonté au Ciel, douze hommes ont entrepris de propager son Evangile dans le monde entier, n'était-ce pas aussi une mission difficile et surtout promettant beaucoup de peines et de dangers? Leur héroïsme, soutenu par la grâce, a triomphé, et le christianisme qui fait notre consolation et notre gloire, nous le devons à la sueur et au sang des apôtres!

Il s'agit de défendre et de perpétuer ce que Notre-Seigneur et les apôtres nous ont légué!

La régénération de la presse catholique est une œuvre qui sera bénie de Dieu. Nous pouvons l'affirmer sans hésitation : *Dieu la veut,* cette œuvre, et nous devons nous *croiser*, à l'exemple de nos pères, pour la poursuivre avec hardiesse et persévérance.

C'est notre devoir, c'est notre intérêt! Conservateurs et catholiques français, vous avez bien des fois manqué à votre vocation et méprisé les dons de Dieu! les occasions de salut ne vous seront pas toujours données. A vous d'aviser ! Devant un danger grave et menaçant, nous avons sonné l'alarme, puissions-nous être entendu !

Le déplacement des influences sociales.

Les efforts faits pour établir dans la société une égalité chimérique ne sauraient aboutir. Toute société a une hiérarchie. La seule chose qui arrive, c'est que les influences sociales ne disparaissent pas, mais se déplacent. Depuis bientôt un siècle, nous voyons se produire des déplacements successifs de ces influences. L'influence primordiale du clergé et de la noblesse, que sacrifia la première Révolution, a été d'abord remplacée par les influences militaires ou césariennes du premier empire. A la suprématie du sabre succéda ensuite la féodalité financière, dont l'égoïsme, le luxe et l'insolence ont laissé bien loin en arrière ce qu'a pu avoir quelquefois de hautain la noblesse de race. La multiple féodalité de l'antique blason, de l'épée et du coffre-fort a commis ses

fautes et subi sa décadence. De nos jours les menaces du
radicalisme ont fait un moment se rapprocher entre elles
ces trois influences, dont l'union véritable et sincère
constituerait une grande force. Mais pour être durable
et bienfaisante, cette force, loin de se borner à la résistance, devrait prendre l'initiative du progrès et de toutes les améliorations sociales, non-seulement au profit
des classes dirigeantes elles-mêmes, mais au profit de
toutes les autres classes, et en accentuant principalement la protection due à la classe inférieure, comme la
plus faible d'une part et la plus nombreuse de l'autre. Cette
attitude des conservateurs, inspirée par l'esprit chrétien,
serait le remède le plus efficace aux envahissements du
socialisme, auquel il ne faudrait laisser aucun prétexte
de bouleversement.

On ne saurait trop suivre avec sollicitude cette œuvre de rapprochement, d'apaisement et de rétablissement de la charité sociale. La charité, sous toutes ses
formes, ne peut se développer et devenir dominante, pour
la transformation de la société, que sous les inspirations
de la foi. Parallèlement au précepte du respect du bien
d'autrui, la charité commande à celui qui possède de
donner, et elle fait de lui, vis-à-vis de ses frères, une se-
conde providence.

Si cette rénovation ne s'accomplit pas, on peut dire
que c'en est fait de ce qu'on appelle les conservateurs, de
ceux qui occupent dans la société les rangs privilégiés,

la fortune et les diverses supériorités qui constituent les grandes situations de ce monde. Ils seront étouffés par l'invasion des nouvelles couches sociales.

Que les conservateurs veuillent bien se rendre compte de ce qu'est déjà leur situation présente.

Et ici, au lieu de parler nous-même, nous préférons laisser la parole à une organe sérieux et autorisé de cette bourgeoisie riche et puissante jusqu'à ces derniers temps, et dont les abaissements actuels font chaque jour des progrès. C'est encore au *Salut public* que nous allons faire un emprunt, à l'occasion des élections municipales qui viennent de se faire à Marseille, et où les conservateurs n'ont même pas pu se présenter à la lutte :

« A une autre époque, le renouvellement complet du conseil municipal, dans une ville aussi importante que Marseille, aurait fait sensation ; aujourd'hui, c'est à peine si les journaux s'occupent de commenter le caractère radical des élections dernières. Leur résultat était prévu à l'avance ; on savait que les comités occultes présenteraient des noms de candidats pour la plupart étrangers à Marseille et surtout à ses grands intérêts, que l'immense majorité des électeurs ne voterait pas, et que, sur près de 60,000 inscrits, 20,000 environ donneraient leur vote du second degré aux hommes du parti Esquiros, Rouvier et compagnie.

« Nous disons « vote du second degré. » C'est qu'en effet, dans les grandes villes de la France, Paris, Lyon,

Marseille et vingt-cinq ou trente autres, le suffrage universel direct n'existe plus, à vrai dire. Le comité ou les
comités du radicalisme disent au troupeau électoral :
Voilà tes hommes, il n'y a pas à discuter. Il n'y a pas à
rechercher s'ils sont Marseillais, par exemple, s'ils ont ici
quelque intérêt au grand jour, quelque attache sérieuse,
si l'on sait d'où ils viennent, si on se doute où ils iront.
Ils sont radicaux, et garantis solides : cela doit te suffire!

« Et cela suffit ; le troupeau marche ; il vote, les candidats passent à l'unanimité, il ne leur reste plus qu'à se
rendre à l'Hôtel-de-Ville.

« Parlons encore une fois de l'indifférence qu'on
reproche à la majorité des électeurs et aux hommes qui,
pouvant se porter candidats du parti libéral constitu-
tionnel, persistent à s'abstenir. Cette indifférence et
cette abstention sont-elles bien le fruit de l'égoïsme, et
ne faut-il pas plutôt y voir une protestation contre un
système qui élimine de nos conseils les citoyens émi-
nents des grandes cités ?

« M. de Molinari expliquait dernièrement dans le
Journal des Débats, et nos lecteurs ont eu sous les yeux
une partie de son article, comment, aux Etats-Unis,
cette république où tant d'énergie se déploie dans presque toutes les carrières, le suffrage universel et illimité
a fait que les *politiciens* ne se recrutent plus guère que
dans les classes ignorantes et irresponsables; comment
les gentlemen qui ont quelque peu de ce qu'on appelle

en anglais la *respectability* fuient avec dégoût la protection des aventuriers, *carpetbaggers* et charlatans qui
disposent en réalité des fonctions publiques. En France
nous pourrions bien en venir là, si l'on n'y prend
garde. »

Il est difficile de confesser avec plus d'ampleur la
décadence de cette influence conservatrice qui a été,
il y a quelques années, si puissante, si fière et si
égoïste.

Qu'on le sache bien, d'ailleurs, cette décadence est au
préjudice de la société tout entière. Une nation perd
toujours à abandonner entièrement le soin de ses affaires à des couches sociales non encore formées, et qui
ne sont pas élevées à la hauteur du mandat dont on les
charge. Toutes les sociétés ont eu leurs parvenus, arri-
vant peu à peu, par le travail et le mérite personnel.
Mais les affaires publiques ne peuvent que souffrir d'une
brusque invasion de parvenus qui d'un bond s'emparent
de tout, et qui accaparent des fonctions auxquelles ils ne
sont préparés que par de bas sentiments d'envie et de
haine pour les supériorités sociales.

Dans la civilisation qui a précédé celle-ci, cette civilisation chrétienne et nationale qui a fait la France,
l'aristocratie avait et a rempli noblement des devoirs
qui ont élevé peu à peu notre grandeur à son niveau
majestueux. Ces membres de la vieille aristocratie s'ap-
pelaient des gentilshommes, *homines gentis*, les hommes

de la nation, les hommes qui étaient les premiers, mais pour servir, pour mettre leurs richesses et leur sang au service de la nation, sous la haute direction de la tête du pays, de la royauté.

Le mélange des classes, le développement de l'instruction et des richesses ont aujourd'hui créé et multiplié d'autres gentilshommes, hommes de la nation, hommes investis de l'obligation particulière de servir, de donner au pays et à leurs concitoyens leurs richesses et leur sang au besoin.

Si cette noblesse des temps nouveaux manque, elle aussi, à ses devoirs, si elle se laisse débiliter par le luxe, par la corruption et les jouissances injustes de l'égoïsme, si elle renouvelle la décadence et les ignominies de l'empire romain, ou les sophismes et la corruption du XVIIIe siècle et de temps plus rapprochés de nous, qu'aura-t-elle à se plaindre, si elle est balayée, à son tour, par l'invasion des barbares? Les barbares sont le fléau de Dieu qui châtie les infidèles au devoir social. Ils arrivent toujours à l'heure voulue.

Mais à côté de l'intervention des conservateurs dans l'action sociale positive, dans les faits, dans les actes qui constituent le service social et l'agencement politique et administratif qui en est inséparable, il y a à s'occuper du rôle à prendre vis-à-vis d'une force qui a conquis aujourd'hui des dimensions colossales. Nous voulons parler de l'opinion publique. C'est l'opinion qui régit

les événements, en élevant les hommes ou en les pré-
cipitant à son gré et capricieusement, pour en faire les
puissants ou les maudits du jour.

Comment se forme cette opinion, véritable souveraine, surtout aux heures tourmentées? Un grand ma-
gistrat de l'ancien régime, Servan, comparait l'opinion
à une caverne. Une voix, quelques voix se font entendre
à son entrée, et vont frapper les échos qui résonnent à
l'intérieur. Ces échos multiplient les sons et forment
un immense concert dont le bruit est irrésistible.

C'est la presse, aujourd'hui, qui parle à l'entrée de la
caverne, qui en provoque les échos et produit ce vaste
concert de voix qui dominent la foule. Ce concert est
factice, le plus souvent trompeur, mais il n'en exerce
pas moins son prestige dominateur.

Laisser cette force de l'opinion en la possession
exclusive de ses adversaires, est une insigne folie et un
oubli coupable du devoir.

Cette folie, cette négligence, conservateurs et catholiques, vous devez y mettre un terme.

Sachez vous entendre et faire les sacrifices nécessaires
pour avoir, à l'entrée de la caverne de l'opinion, des or-
ganes puissants et nombreux qui en fassent résonner
bruyamment les échos, et alors vous compterez pour
quelque chose dans les luttes qui se disputent le monde.

En un mot, entrez dans le mouvement de la presse,
dans l'organisation du journalisme, sous l'action perma-

nente duquel vous subissez des défaites constantes et
vraiment honteuses pour vous.

Cette œuvre de la bonne presse, si vous savez la rendre puissante et forte, soutiendra, défendra toutes les
autres œuvres auxquelles vous vous consacrez et qui
dépérissent souvent dans l'abandon et l'isolement.

Il faut être de son temps, de son siècle, mettre au service de Dieu et du peuple tous les avantages, tous les
progrès, et alors nous pourrons nous rendre le témoignage que nous glorifions Dieu, et que nous exerçons
dans toute son étendue la charité dont il nous a fait une
loi impérieuse vis-à-vis de nos frères.

Quoi qu'il en soit, les conservateurs peuvent voir par
là où ils en sont, et constater que leur effacement complet est une affaire, non pas d'années, mais de jours.

Cette décadence croissante s'explique autant par leurs
divisions, leurs rivalités, leur oubli des principes dans
lesquels seuls s'opèrent les unions efficaces et fécondes,
que par l'audace et l'esprit de discipline dont savent
faire preuve leurs adversaires.

La seule chose qui rende les hommes réellement
forts, c'est l'accomplissement du devoir.

Que les conservateurs et les catholiques rentrent
pleinement dans le devoir social; qu'ils se consacrent
généreusement au service du peuple; qu'ils l'éclairent,
qu'ils le soutiennent, qu'ils le défendent contre les tentations de la démagogie et de l'impiété; qu'ils poursui-

vent en un mot l'idéal chrétien, le triomphe des principes évangéliques, et la transformation sociale s'opérera. Nous conjurerons ou nous amoindrirons les crises qui nous menacent et dont les signes précurseurs frappent nos yeux.

Conclusion.

L'entreprise qui est devenue une étroite et urgente obligation pour les conservateurs, surtout pour les conservateurs chrétiens, est double. Une partie regarde le fond des choses, l'autre regarde l'action sur l'opinion publique.

Devant l'invasion de leurs adversaires, qu'ils se gardent d'abdiquer. Comme l'a dit un noble prince, on n'abdique pas un devoir. Dans cette vie, nul n'est sans devoirs. Et les difficultés, loin d'arrêter les vocations légitimes, doivent les exciter à prendre leur place avec ardeur et avec une infatigable persévérance.

Les catholiques ont entrepris, de nos jours, deux œuvres grandioses, bien faites pour séduire et entraîner les nobles cœurs. C'est la régénération de l'enseignement public, c'est-à-dire le salut de notre avenir par la formation de la jeunesse. C'est aussi la régénération des travailleurs, des ouvriers, c'est-à-dire de ces nobles populations au milieu desquelles le Sauveur a voulu naître et auxquelles il n'a cessé de prodiguer ses douces tendresses, ses enseignements, ses travaux et ses miracles. Les enfants, les jeunes gens et le peuple, ce fut là le triple objet des prédilections de Jésus. Nous ne devons pas seulement vénérer le Cœur Sacré qui est le foyer de cet ardent amour; mais nous devons l'imiter dans ses affections. Elles sont la règle suprême des nôtres!

Or, la double régénération de l'enseignement de la jeunesse et de la protection matérielle et morale de la classe ouvrière est ardemment disputée aux catholiques. Et quel est le rival puissant qui entend réglementer, limiter, empêcher, en définitive, l'action catholique de s'exercer librement au profit de la jeunesse et du peuple? C'est toujours le même, ce géant malfaisant qui nous enveloppe de ses étreintes, à côté duquel nous vivons et dont nous devons sans cesse travailler à nous affranchir, parce que c'est l'instrument de la perdition des âmes et des peuples. Cet ennemi qu'il faut vaincre et qui, abattu, se relève toujours, pour renouveler ses attaques, c'est celui que Notre-Seigneur a maudit, en disant: malheur au monde! *væ mundo!* la puissance de la tentation et du mal. Or, cette puissance dirige aujourd'hui contre nous presque toutes ses attaques, au moyen de la presse, au moyen des journaux.

En sorte que si nous voulons combattre le monde, défendre contre lui toutes nos œuvres sociales, surtout l'enseignement libre et la protection et la moralisation des travailleurs, l'arme qui nous est indispensable pour cette lutte, c'est la parole multipliée par l'impression, transmise partout, rapide comme l'éclair, la presse, le journal, écrit non-seülement avec la plume, mais avec l'électricité, avec cette invention merveilleuse qui supprime les distances et qui, si elle est mise au service de Dieu, de là vérité, peut si bien répandre la lumière et réaliser la fraternité des hommes et des nations.

Conservateurs, conservateurs catholiques surtout, comprendrez-vous l'importance et l'urgence de l'organisation large et puissante de cette œuvre de la presse, protectrice de toutes les autres, sentinelle vigilante, prête à dénoncer, la nuit comme le jour, les attaques de l'ennemi ?

Votre chef aimé et vénéré, Pie IX, heureux témoin du retour dans le monde de l'esprit de prière, du rétablissement de ces prières publiques, de ces pèlerinages dans lesquels éclatait la foi de nos pères, Pie IX, juge suprême et infaillible de nos consciences, ne cesse de recommander de joindre à toutes ces pieuses et émouvantes pratiques, l'ACTION. AGISSEZ, AGISSEZ, dit-il aux pèlerins prosternés à ses pieds, en les bénissant, et de l'œuvre de la presse il a tout particulièrement déclaré : « LA PRESSE EST UNE ŒUVRE PIE, D'UNE UTILITÉ SOUVERAINE. »

Post-Scriptum.

Durant les quelques jours qui se sont passés entre la rédaction de cet écrit et son impression, les signes de notre détresse sociale et politique se sont multipliés.

Au délire révolutionnaire poursuivant la triste manifestation impie des enterrements civils, sont venues se joindre les hésitations des pouvoirs publics en présence de l'audacieuse réhabilitation de la mort sans Dieu. On se sent faiblir, on cherche des biais.

Notre affaiblissement moral est tel que certaines âmes, se croyant même encore chrétiennes, restent sans répugnance devant la mort dépouillée de son caractère religieux.

Le fanatisme du néant va-t-il triompher ?

Les incertitudes sur la paix se sont également accrues.

Le refus de l'Allemagne de participer à l'*Exposition universelle de 1878* met fin à tout espoir sérieux de conserver la paix général de l'Europe.

Nous recommandons la lecture d'un article de *la Nouvelle Presse libre*, de Vienne, journal de M. de Bismarck, sur l'état réel de nos rapports avec notre terrible voisin. Cet article, en date du 20 novembre, au milieu d'un flot de paroles amères, soupçonneuses, menaçantes, nous somme « D'AJOURNER L'EXPOSITION A DES TEMPS MEILLEURS, *alors que l'Europe pourra s'y rendre de bon cœur et que l'Allemagne aura les moyens, le temps et l'envie d'y participer.* »

Les périls de la France et de la société sont-ils assez menaçants ?

Conservateurs catholiques, debout ! ! !

27 novembre 1876, fête de sainte Elisabeth de Hongrie, modèle d'humilité, de charité et de zèle.